परफेक्ट एस्ट्रो सॉल्यूशंस™

Astrologer Vikas Sharma
(Researcher and Analyst)

First Published in April 2023

ISBN: 978-93-5741-671-9

BLUEROSE PUBLISHERS

www.BlueRoseONE.com

info@bluerosepublishers.com

+91 8882 898 898

Cover Design:

Muskan Sachdeva

Typographic Design:

Rohit

Distributed by: BlueRose, Amazon, Flipkart

परिचय

परफेक्ट एस्ट्रो सॉल्यूशंस सन 2011–12 से ज्योतिष विषय में अभ्यासरत है, अतः इस विषय में अभी कोई दावा, घोषणा, विचार या सुझाव देने के स्थान पर चार मुद्दों पर अनुशंसा देना उचित समझता है और अनुशंसा के सिद्धांत पर ही कार्य करते हुए ज्योतिष विषय को अंडरस्टूड लेवल पर ले जाने का लक्ष्य रखता है।

पुस्तिका की प्रकृति

यह पुस्तिका दरअसल ज्योतिष के क्षेत्र में जन्म से लेकर मृत्यु तक जीवन के विभिन्न चरणों में उपयोगिता, सावधानी एवं उपायों को घोषणाओं, दावों या गारंटी से परे होकर परफेक्ट एस्ट्रो सॉल्यूशंस द्वारा दी गई अनुशंसा एवं दिशा–निर्देशों का संग्रह है।

विषय सूची

1

परफेक्ट एस्ट्रो सॉल्यूशंस द्वारा चार अनुशंसित मुद्दे

1.1 पहली अनुशंसा– अनुशंसा एवं उपायों को करने की विधि एवं दिशा–निर्देश

पहली अनुशंसा :– उपायों को आवश्यक रूप से जीवन में लागू करें।

नोट :– उपायों को मुख्यतः तीन भागों में विभाजित किया गया है पितृऋण के उपाय, कुंडली के उपाय और वर्षफल के उपाय! उपायों को कब और कैसे किया जाना चाहिए इसके दिशा–निर्देश आपको आगे बताए गए हैं जिन्हें कि आप ज्यों का त्यों अपने जीवन में लागू करें।

उपायों को कब और कैसे करें :–

1. सूर्योदय के बाद और दोपहर 12:00 बजे से पहले बताए गए उपायों को पूरा कीजिए।

2. वर्षफल के उपाय जन्मदिन से 40–43 दिन पहले शुरू करें।

3. कुंडली के उपाय जो ग्रह कुंडली में विषयानुसार नीच फल देते हैं उनके उपाय पहले करें, बाद में बाकी ग्रहों के उपाय करें।

4. छोटे चलने वाले उपाय पहले करें और लंबे यानी 40–43 दिन चलने वाले उपाय बाद में करें।

1.2 दूसरी अनुशंसा– विवाहपूर्व की जानकारी

ज्योतिष विषय के अनुसार सावधानियां–उपयोगिताओं–उपचार के आधार पर वैवाहिक जीवन शुरू करने से पहले एवं विवाह के बाद के दिशा–निर्देश

वैवाहिक जीवन शुरू करने से पहले की विषयानुसार सावधानियाँ :–

1. मांगलिक की शादी मांगलिक से ही करें।

2. गुणमिलान करें।

3. फेरों के दौरान होने वाली शुभ मुहूर्त की प्रक्रिया का पालन करें।

आपने उपरोक्त लिखित तीन सावधानियाँ जानीं, अगर आप इनका किन्हीं भी कारणों से पालन नहीं कर पा रहे हैं तो इनके उपाय इस प्रकार हैं :–

अगर पहली सावधानी मांगलिक की शर्त आप पूरी नहीं कर पा रहें हैं तो इसमें आप विषयानुसार उपाय के रूप में विवाह से पहले अपनी कुंडली का विश्लेषण करवाएं एवं बताए गए उपायों को पूरा करें।

नोट :– अगर आप पहली सावधानी को पूरा करते हैं तो यह बताए गए उपायों के अपेक्षाकृत बेहतर विकल्प होगा।

अगर दूसरी (गुण मिलान) सावधानी की शर्त किन्हीं भी कारणों से आप पूरा नहीं कर पा रहे हैं तो आप वर—वधु की कुंडली का विश्लेषण करवाकर फेरों के दौरान होने वाले कुछ उपायों का पालन करें।

नोट :– शुभ मुहूर्त की प्रक्रिया का पालन आवश्यक रूप से करें।

1.2.1 विवाहोपरांत की जानकारी

विवाह के बाद किन्हीं भी कारणों से वैवाहिक जीवन में अशांति या परेशानी आ रही है तो–

उपाय :– आपकी कुंडली का विश्लेषण करके जो उपाय बताये गए हैं या बताए जाएंगे उन उपायों का आवश्यक रूप से पालन करें।

1.3 तीसरी अनुशंसा– गर्भधारण

अगर आपका गर्भधारण नहीं हुआ है तो इसमें आप दो विकल्पों का अनुसरण करें :–

1. कुंडली का विश्लेषण करवाएं एवं बताए गए उपायों का पालन करें।

अनुदेश :– अगर उसके बावजूद भी कोई रूकावट हो तो Medical से Go through होइए।

नोट :– आपको Medical से Go through होने से पहले उपाय करने की अनुशंसा देने का कारण यह है कि उपाय में होने वाली लागत कुछ खास नहीं है और परफेक्ट एस्ट्रो सॉल्यूशंस द्वारा काफी मामलों (Case studies) में इसके सकारात्मक परिणाम लिए जा चुके हैं जिनका विवरण आपको आने वाले समय में पारदर्शी रूप से बताया जाएगा।

2. Medical से Go through होने के दौरान परफेक्ट एस्ट्रो सॉल्यूशंस द्वारा बताए गए उपाय आवश्यक रूप से पूरे करें।

नोट :– अगर आपका गर्भपात हुआ हो तो यह Understood होता है कि आप Medically Fit हैं। मगर दोबारा या पहली बार गर्भधारण करने में रूकावट आ रही हो तो इसके लिए आप परफेक्ट एस्ट्रो सॉल्यूशंस द्वारा बताए गए उपायों को आवश्क रूप से पूरा करें।

1.4 चौथी अनुशंसा– गर्भपात की रोकथाम

प्राकृतिक गर्भाधान या कृत्रिम परिवेशीय निषेचन के माध्यम से गर्भधारण हो जाए तो कुंडली का विश्लेषण करवाएं और गर्भपात की रोकथाम के लिए बताए गए उपचार का पालन करें।

2

स्वास्थ्य के सम्बन्ध में परफेक्ट एस्ट्रो सॉल्यूशंस के दिशा-निर्देश

अगर आप अपने जीवन में किसी भी तरह की स्वास्थ्य समस्या का सामना कर रहे हैं तो परफेक्ट एस्ट्रो सॉल्यूशंस द्वारा दी गई पहली अनुशंसा को अपने जीवन में आवश्यक रूप से लागू करें।

पहली अनुशंसा– उपायों को आवश्यक रूप से अपने जीवन में लागू करें।

नोट :– उपायों को मुख्यतः तीन भागों में विभाजित किया गया है– पितृऋण के उपाय, कुंडली के उपाय और वर्षफल के उपाय! उपायों को कब और कैसे किया जाना चाहिए इसके दिशा–निर्देश आपको आगे बताए गए हैं जिन्हें कि आप ज्यों का त्यों अपने जीवन में लागू करें।

उपायों को कब और कैसे करें :–

1. सूर्योदय के बाद और दोपहर 12:00 बजे से पहले बताए गए उपायों को पूरा कीजिए।

2. वर्षफल के उपाय जन्मदिन से 40–43 दिन पहले शुरू करें।

3. कुंडली के उपाय जो ग्रह कुंडली में विषयानुसार नीच फल देते हैं, उनके उपाय पहले करें बाद में बाकी ग्रहों के उपाय करें।

4. छोटे चलने वाले उपाय पहले करें और लंबे यानी 40–43 दिन चलने वाले उपाय बाद में करें।

३

शिक्षा एवं प्रतिस्पर्धा के सम्बन्ध में परफेक्ट एस्ट्रो सॉल्यूशंस के दिशा-निर्देश

शिक्षा एवं प्रतिस्पर्धा के क्षेत्र में परफेक्ट एस्ट्रो सॉल्यूशंस द्वारा दी गई पहली अनुशंसा को अपने जीवन में आवश्यक रूप से लागू करें।

पहली अनुशंसा– उपायों को आवश्यक रूप से अपने जीवन में लागू करें।

नोट :– उपायों को मुख्यतः तीन भागों में विभाजित किया गया है– पितृऋण के उपाय, कुंडली के उपाय और वर्षफल के उपाय। उपायों को कब और कैसे किया जाना चाहिए इसके दिशा–निर्देश आपको आगे बताए गए हैं जिन्हें कि आप ज्यों का त्यों अपने जीवन में लागू करें।

उपायों को कब और कैसे करें :–

1. सूर्योदय के बाद और दोपहर 12:00 बजे से पहले बताए गए उपायों को पूरा कीजिए।

2. वर्षफल के उपाय जन्मदिन से 40–43 दिन पहले शुरू करें।

3. कुंडली के उपाय, जो ग्रह कुंडली में विषयानुसार नीच फल देते हैं, उनके उपाय पहले करें, बाद में बाकी ग्रहों के उपाय करें।

4. छोटे चलने वाले उपाय पहले करें और लंबे यानी 40–43 दिन चलने वाले उपाय बाद में करें।

4

व्यापार एवं नौकरी के सम्बन्ध में परफेक्ट एस्ट्रो सॉल्यूशंस के दिशा-निर्देश

किसी भी तरह के व्यापार एवं नौकरी के विषय से संबंधित परफेक्ट एस्ट्रो सॉल्यूशंस द्वारा दी गई पहली अनुशंसा को अपने जीवन में आवश्यक रूप से लागू करें।

पहली अनुशंसा– उपायों को आवश्यक रूप से अपने जीवन में लागू करें।

नोट :– उपायों को मुख्यतः तीन भागों में विभाजित किया गया है– पितृऋण के उपाय, कुंडली के उपाय और वर्षफल के उपाय। उपायों को कब और कैसे किया जाना चाहिए इसके दिशा–निर्देश आपको आगे बताए गए हैं जिन्हें कि आप ज्यों का त्यों अपने जीवन में लागू करें।

उपायों को कब और कैसे करें :–

1. सूर्योदय के बाद और दोपहर 12:00 बजे से पहले बताए गए उपायों को पूरा कीजिए।

2. वर्षफल के उपाय जन्मदिन से 40–43 दिन पहले शुरू करें।

3. कुंडली के उपाय, जो ग्रह कुंडली में विषयानुसार नीच फल देते हैं, उनके उपाय पहले करें, बाद में बाकी ग्रहों के उपाय करें।

4. छोटे चलने वाले उपाय पहले करें और लंबे यानी 40–43 दिन चलने वाले उपाय बाद में करें।

हमारे उत्पाद

हमारे उत्पाद

1. सुखमय जीवन कुंडली

1.1 कुंडली के उपाय, पितृऋण के उपाय एवं 5 साल के वर्षफल के उपाय– 5100/–

1.2 कुंडली के उपाय, पितृऋण के उपाय एवं 10 साल के वर्षफल के उपाय– 7100/–

1.3 जन्मदिन से 40–43 दिन पहले शुरू होने वाले वर्षफल के उपाय प्रति वर्षफल 1100/–

1.4 5 साल वर्षफल के उपाय 3100/–

1.5 10 साल वर्षफल के उपाय 5100/–

2. हमारी पुस्तिका परफेक्ट एस्ट्रो सॉल्यूशंस (भारतीय ज्योतिष) (हिंदी संस्करण)

आने वाले संस्करण (Upcoming versions)

3. Audio Book (हिंदी संस्करण)

4. हमारी पुस्तिका परफेक्ट एस्ट्रो सॉल्यूशंस (The Indian Astrology) (English Version)

5.   Audio Book (English Version)

नोट :– उपायों को मुख्यतः तीन भागों में विभाजित किया गया है– पितृऋण के उपाय, कुंडली के उपाय और वर्षफल के उपाय। उपायों को कब और कैसे किया जाना चाहिए, इसके दिशानिर्देश आपको आगे बताए गए हैं जिन्हें कि आप ज्यों का त्यों अपने जीवन में लागू करें।

उपायों को कब और कैसे करें–

1.   सूर्योदय के बाद और दोपहर 12:00 बजे से पहले बताए गए उपायों को पूरा कीजिए।

2.   वर्षफल के उपाय जन्मदिन से 40–43 दिन पहले शुरू करें।

3.   कुंडली के उपाय, जो ग्रह कुंडली में विषयानुसार नीच फल देते हैं, उनके उपाय पहले करें बाद में बाकी ग्रहों के उपाय करें।

4.   छोटे चलने वाले उपाय पहले करें और लंबे यानी 40–43 दिन चलने वाले उपाय बाद में करें।

6

कक्षा एवं पाठ्यक्रम का विवरण

ज्योतिष विषय को जन्म से लेकर मृत्यु तक की यात्रा में जीवन के किस चरण में उपयोगिता, सावधानी एवं उपायों को गारंटी और दावों से परे होकर कब और कैसे लागू किया जाना चाहिए, यह जानने के लिए आप परफेक्ट एस्ट्रो सॉल्यूशंस द्वारा शुरू की गई कक्षा के सहभागी बन सकते हैं जिसका संक्षिप्त विवरण नीचे दिया गया है :–

पाठयक्रम का विवरण

Syllabus Detail

1. वर्षफल बनाने की विधि

2. राशियां एवं उनके स्वामी ग्रह

3. ग्रह एवं उनके पक्के घर

4. उच्च ग्रह

5. नीच ग्रह

6. ग्रहों का सारी आयु पर प्रभाव एवं उनकी अवधि

7. ग्रहों के दिन

8. ग्रहों के मित्र, शत्रु, अति शत्रु एवं सम ग्रह

9. ग्रहों से संबंधित वस्तुएं

10. मसनवी ग्रह

11. ग्रहों के उपाय:– कुंडली, पितृऋण एवं वर्षफल के उपाय

12. विशेष नियम 1–8 की टक्कर

13. साथी ग्रह

14. धर्मी ग्रह

15. पापी ग्रह

16. पक्की हालत के ग्रह

17. शक्की हालत के ग्रह

18. कायम ग्रह

19. मित्र ग्रह

20. शत्रु ग्रह

21. स्त्री ग्रह

22. पुरूष ग्रह

23. नपुंसक ग्रह

24. सोया हुआ ग्रह

25. 3, 6, 8, 12 स्थान का विश्लेषणात्मक अध्ययन एवं महत्व

नोट :– पाठ्यक्रम आपको पहले ही दिन सौंप दिया जाएगा और पाठ्यक्रम का वर्णन भी कर दिया जाएगा साथ ही पाठ्यक्रम के अंतर्गत कोई भी सवाल हो, उस पर भी चर्चा की जाएगी।

पाठ्यक्रम की अवधि– 2 माह

समय– 12:00–02:00 प्रत्येक रविवार

7

परीक्षा

1 पाठ्यक्रम का समापन होने के बाद परफेक्ट एस्ट्रो सॉल्यूशंस द्वारा आयोजित परीक्षा में उत्तीर्ण होने वाले छात्रों को प्रमाण पत्र प्रदान किया जाएगा।

2. परीक्षा में अनुत्तीर्ण छात्र दोबारा परीक्षा में भाग ले सकते हैं तथा परीक्षा में उत्तीर्ण एवं अनुत्तीर्ण छात्र मुक्त होकर ज्योतिष विषय पर किसी भी तरह का दावा, घोषणा या विचार रख सकते हैं तथा किसी भी तरह का विज्ञापन देने के लिए स्वतंत्र हैं लेकिन अगर परफेक्ट एस्ट्रो सॉल्यूशंस द्वारा दी गई अनुशंसा एवं दिशा–निर्देश पर प्रमाण पत्र प्राप्त छात्र संगठित रूप से कार्य करने के लिए सहमत एवं इच्छुक हैं तो परफेक्ट एस्ट्रो सॉल्यूशंस के साथ फ्रेंचाइजी एवं प्रशिक्षक के तौर पर कार्य कर सकते हैं जिसका विवरण आगे बताया गया है।

प्रमाण पत्र प्राप्त छात्रों के लिए क्षेत्रीय फ्रेंचाइजी की प्रक्रिया का संक्षिप्त विवरण

प्रमाण पत्र प्राप्त करने के पश्चात क्षेत्रीय फ्रेंचाइजी प्राप्त करने की प्रक्रिया क्रमशः नीचे दी गई है–

1. क्षेत्रीय फ्रेंचाइजी प्राप्त करने के लिए आवेदन भरें

2. पाठ्यक्रम समयावधि 10 दिन, शुल्क सहित प्रवेश प्राप्त करें

3. अध्ययन सामग्री प्राप्त करें

4. प्रशिक्षक द्वारा पाठ्यक्रम का वर्णन

5. परीक्षा

6. साक्षात्कार

7. अनुबंध

8. शपथ

9. प्राधिकरण प्राप्त करें

9

क्षेत्रीय फ्रेंचाइजी वार्षिक नवीनीकरण की प्रक्रिया का संक्षिप्त विवरण

क्षेत्रीय फ्रेंचाइजी वार्षिक नवीनीकरण प्राप्त करने की प्रक्रिया क्रमशः नीचे दी गई है–

1. क्षेत्रीय फ्रेंचाइजी वार्षिक नवीनीकरण प्राप्त करने के लिए आवेदन भरें

2. पाठ्यक्रम समयावधि 10 दिन, शुल्क सहित प्रवेश प्राप्त करें

3. अध्ययन सामग्री प्राप्त करें

4. प्रशिक्षक द्वारा पाठ्यक्रम का वर्णन

5. परीक्षा

6. साक्षात्कार

7. अनुबंध

8. शपथ

9. प्राधिकरण प्राप्त करें

10

प्रमाण पत्र प्राप्त छात्रों के लिए क्षेत्रीय प्रशिक्षक की प्रक्रिया का संक्षिप्त विवरण

प्रमाण पत्र प्राप्त करने के पश्चात क्षेत्रीय प्रशिक्षक की प्रक्रिया क्रमशः नीचे दी गई है–

1. क्षेत्रीय प्रशिक्षक के लिए आवेदन भरें

2. पाठ्यक्रम समयावधि 10 दिन, शुल्क सहित प्रवेश प्राप्त करें

3. अध्ययन सामग्री प्राप्त करें

4. प्रशिक्षक द्वारा पाठ्यक्रम का वर्णन

5. परीक्षा

6. साक्षात्कार

7. अनुबंध

8. शपथ

9. प्राधिकरण प्राप्त करें

11

क्षेत्रीय प्रशिक्षक वार्षिक नवीनीकरण की प्रक्रिया का संक्षिप्त विवरण

क्षेत्रीय प्रशिक्षक वार्षिक नवीनीकरण की प्रक्रिया क्रमशः नीचे दी गई है—

1. क्षेत्रीय प्रशिक्षक वार्षिक नवीनीकरण के लिए आवेदन भरें

2. पाठ्यक्रम समयावधि 10 दिन, शुल्क सहित प्रवेश प्राप्त करें

3. अध्ययन सामग्री प्राप्त करें

4. प्रशिक्षक द्वारा पाठ्यक्रम का वर्णन

5. परीक्षा

6. साक्षात्कार

7. अनुबंध

8. शपथ

9. प्राधिकरण प्राप्त करें

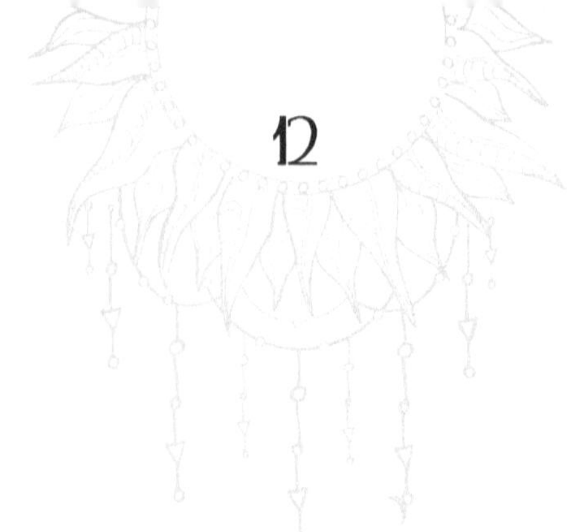

12

क्षेत्रीय भाषा में अनुवादक के लिए प्रस्ताव

परफेक्ट एस्ट्रो सॉल्यूशंस द्वारा लिखित पुस्तिका का क्षेत्रीय भाषा में अनुवादक के तौर पर कार्य करने एवं कार्य करने की विस्तारपूर्वक जानकारी प्राप्त करने के लिए संपर्क करें।

13

प्रमाण पत्र प्राप्त छात्रों के लिए अंतर्राष्ट्रीय फ्रेंचाइजी की प्रक्रिया का संक्षिप्त विवरण

प्रमाण पत्र प्राप्त करने के पश्चात अंतर्राष्ट्रीय फ्रेंचाइजी प्राप्त करने की प्रक्रिया क्रमशः नीचे दी गई है–

1. अंतर्राष्ट्रीय फ्रेंचाइजी प्राप्त करने के लिए आवेदन भरें

2. पाठ्यक्रम समयावधि 10 दिन, शुल्क सहित प्रवेश प्राप्त करें

3. अध्ययन सामग्री प्राप्त करें

4. प्रशिक्षक द्वारा पाठ्यक्रम का वर्णन

5. परीक्षा

6. साक्षात्कार

7. अनुबंध

8. शपथ

9. प्राधिकरण प्राप्त करें

14

अंतर्राष्ट्रीय फ्रेंचाइजी वार्षिक नवीनीकरण की प्रक्रिया का संक्षिप्त विवरण

अंतर्राष्ट्रीय फ्रेंचाइजी वार्षिक नवीनीकरण प्राप्त करने की प्रक्रिया क्रमशः नीचे दी गई है–

1. अंतर्राष्ट्रीय फ्रेंचाइजी वार्षिक नवीनीकरण प्राप्त करने के लिए आवेदन भरें

2. पाठ्यक्रम समयावधि 10 दिन, शुल्क सहित प्रवेश प्राप्त करें

3. अध्ययन सामग्री प्राप्त करें

4. प्रशिक्षक द्वारा पाठ्यक्रम का वर्णन

5. परीक्षा

6. साक्षात्कार

7. अनुबंध

8. शपथ

9. प्राधिकरण प्राप्त करें

15

प्रमाण पत्र प्राप्त छात्रों के लिए अंतर्राष्ट्रीय प्रशिक्षक की प्रक्रिया का संक्षिप्त विवरण

प्रमाण पत्र प्राप्त करने के पश्चात अंतर्राष्ट्रीय प्रशिक्षक की प्रक्रिया क्रमशः नीचे दी गई है–

1. अंतर्राष्ट्रीय प्रशिक्षक के लिए आवेदन भरें

2. पाठ्यक्रम समयावधि 10 दिन, शुल्क सहित प्रवेश प्राप्त करें

3. अध्ययन सामग्री प्राप्त करें

4. प्रशिक्षक द्वारा पाठ्यक्रम का वर्णन

5. परीक्षा

6. साक्षात्कार

7. अनुबंध

8. शपथ

9. प्राधिकरण प्राप्त करें

16

अंतर्राष्ट्रीय प्रशिक्षक वार्षिक नवीनीकरण की प्रक्रिया का संक्षिप्त विवरण

अंतर्राष्ट्रीय प्रशिक्षक वार्षिक नवीनीकरण की प्रक्रिया क्रमशः नीचे दी गई है–

1. अंतर्राष्ट्रीय प्रशिक्षक वार्षिक नवीनीकरण के लिए आवेदन भरें

2. पाठ्यक्रम समयावधि 10 दिन, शुल्क सहित प्रवेश प्राप्त करें

3. अध्ययन सामग्री प्राप्त करें

4. प्रशिक्षक द्वारा पाठ्यक्रम का वर्णन

5. परीक्षा

6. साक्षात्कार

7. अनुबंध

8. शपथ

9. प्राधिकरण प्राप्त करें

17

अंतर्राष्ट्रीय भाषा में अनुवादक के लिए प्रस्ताव

परफेक्ट एस्ट्रो सॉल्यूशंस द्वारा लिखित पुस्तिका का अंतर्राष्ट्रीय भाषा में अनुवादक के तौर पर कार्य करने एवं कार्य करने की विस्तारपूर्वक जानकारी प्राप्त करने के लिए संपर्क करें।

18

परफेक्ट एस्ट्रो सॉल्यूशंस के संशोधन एवं पूरक

परफेक्ट एस्ट्रो सॉल्यूशंस की पुस्तिका परफेक्ट एस्ट्रो सॉल्यूशंस (भारतीय ज्योतिष) में समय–समय पर संशोधन किए जाएंगे अतः हमारे वह पाठक, जिनके पास यह पुस्तिका पहले से ही उपलब्ध है, वह नया संशोधित संस्करण खरीदने के स्थान पर संशोधित संस्करण का पूरक खरीद सकते हैं।

19

लक्ष्य

ज्योतिष विषय में सभी सिद्धांतों एवं उनमें उल्लेखित घोषणाओं, मतों, मतभेदों, दावों, निष्कर्षों, सुझावों इत्यादि एवं सावधानी उपयोगिता एवं उपायों का अध्ययन एवं इन पर विचार करना एवं इन्हें परिशोधित करते हुए संपूर्ण विकल्प को समाज के समक्ष वैकल्पिक तौर पर प्रस्तुत करना एवं संपूर्ण विषय को अंडरस्टूड लेवल पर लेकर आना।

20

हमें प्रोत्साहन दें (Support Us)

Perfect Astro Solutions

Ac No.:- 0390002102064564

Account Type :- Current

Ifsc Code PUNB0155920

Branch :- 32661 Sheranwala Gate

Patiala (PB) INDIA

Gpay - Paytm - PhonePe +91 8285493000

21

संपर्क सूत्र (Contact Details)

Website :- www.perfectastrosolutions.com

email id :- contact@perfectastrosolutions.com

email id :- perfectastro43@gmail.com

Download our App :- Perfect Astro Solutions

whats app number :- +91 8285493000

गुणों का वर्ण-पत्र (Testimonials)

चूँकि परफेक्ट एस्ट्रो सॉल्यूशंस ज्योतिष विषय को बिना कोई दावा या घोषणा किए रिफाइन करते हुए अंडरस्टूड लेवल पर लाने का लक्ष्य रखता है तो इसके लिए हम क्लाइंट के साथ कुछ शर्तों पर कार्य करते हैं जैसे कि :–

1. हमारे द्वारा दी गई अनुशंसा और दिशा–निर्देश को जो भी क्लाइंट परिपक्व तरीके से अपने जीवन में लागू करने के लिए तत्पर हों तो क्लाइंट के साथ एग्रीमेंट किया जाएगा और अगर क्लाइंट की स्वेच्छा हो तो क्लाइंट की केस स्टडी या केस स्टेटस की वीडियोग्राफी भी की जाएगी ताकि हमारे द्वारा दी गई अनुशंसा और दिशा–निर्देश को पूरा करने के बाद जो भी परिणाम आए हैं, हम उन (सकारात्मक एवं नकारात्मक) परिणामों को समान एवं पारदर्शी रूप से सार्वजनिक स्तर पर साँझा कर सकें।

2. क्लाइंट द्वारा लिए गए परिणामों को सार्वजनिक स्तर पर अपने टेस्टिमोनियल कॉलम में साँझा करना परफेक्ट एस्ट्रो सॉल्यूशंस का अधिकार क्लाइंट द्वारा मान्य होगा,

इसके साथ ही निष्पक्ष नीति अपनाते हुए परफेक्ट एस्ट्रो सॉल्यूशंस क्लाइंट को अपना नाम और पहचान गुप्त रखने का अधिकार देने के लिए भी बाध्य होगा। पहचान छुपाने की सूरत में क्लाइंट का नाम और पहचान Assume करते हुए सारा केस स्टडी टेस्टिमोनियल कॉलम में डाला जाएगा।